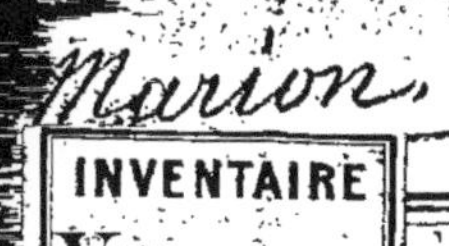

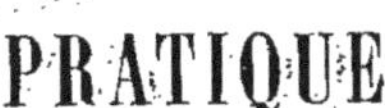

PRATIQUE

DE LA

PHOTOGRAPHIE

SUR PAPIER

simplifiée par l'emploi de l'appareil conservateur, des papiers sensibilisés
et des préservateurs-Marion

A L'USAGE DE TOUT LE MONDE

PARIS

A. MARION, 14, CITÉ BERGÈRE

1860

PRATIQUE

DE

LA PHOTOGRAPHIE

SUR PAPIER

PARIS. — IMP. SIMON RAÇON ET COMP., RUE D'ERFURTH, 1.

PRATIQUE

DE LA

PHOTOGRAPHIE

SUR PAPIER

simplifiée
par l'emploi de l'appareil conservateur des papiers
sensibilisés et des préservateurs-Marion

A L'USAGE DE TOUT LE MONDE

PAR

A. MARION

PARIS

CHEZ L'AUTEUR, 14, CITÉ BERGÈRE

1860

PRÉFACE

L'art nouveau de la photographie est venu récla-
mer, à l'industrie que nous exploitons depuis plus
de trente ans, un de ses éléments les plus impor-
tants, le papier.

Ce produit, destiné à une application nouvelle, de-
mandait une étude spéciale que nous n'avons pas
un seul instant hésité d'entreprendre. Aujourd'hui,
nous sommes en mesure de livrer, à la consomma-
tion et au commerce, des papiers photographiques
d'une grande pureté et en tous points irréprochables.

Après nous être familiarisé avec les manipulations photographiques, nous avons pu consigner dans des notes livrées à la publicité le résultat de nos études sur les papiers, et donner au public le sûr moyen de s'initier promptement à l'art intéressant de la photographie.

La faveur, qui chaque fois s'est attachée à nos petits opuscules, nous est un sûr garant de l'accueil bienveillant réservé à celui par lequel nous venons constater des progrès ultérieurs.

Ce livre, fait surtout pour les personnes qui n'ont nulle notion de l'art photographique, ne sera cependant pas sans intérêt pour les amateurs et photographes de profession. Ils y trouveront des renseignements utiles sur nos papiers et la manière de les employer; la nomenclature raisonnée de ces papiers, avec indication des sortes qu'il faut préférer pour tel ou tel genre de travail; enfin nous y désignons quelques objets nouveaux, utiles à la confection matérielle des épreuves.

A. MARION ET Cⁱᵉ.

PRATIQUE

DE

LA PHOTOGRAPHIE

SUR PAPIER

INTRODUCTION

La découverte chimique récente à laquelle nous devons le précieux et sûr moyen de garder indéfiniment, dans un état de parfaite conservation, les papiers photogéniques sensibilisés, comble une grande lacune dans le domaine de la photographie, et élargit le cercle des applications qui peuvent être faites du bel art de dessiner par la lumière.

L'appareil conservateur que, comme complément de cette découverte, nous avons imaginé et fait breveter ne sera pas sans influence sur la propagation de l'art nouveau qui a fait déjà de si grands progrès, et qui est appelé dans l'avenir aux plus belles et aux plus intéressantes applications.

C'est grâce à cet appareil, qui nous permet d'avoir constamment en magasin, à la disposition des acheteurs, des papiers pourvus des éléments sensibles, que nous pouvons simplifier les opérations, et en rendre la pratique accessible aux gens même très-occupés.

Ainsi dégagée de ses plus fastidieuses préparations et n'offrant plus de sérieuses difficultés, réduite à sa plus simple expression, la photographie s'adresse à tout le monde, et tout le monde voudra faire usage de nos papiers sensibles. Chacun y trouvera une application entrant dans ses habitudes, ses goûts ou ses occupations. La femme du monde demandera à notre papier de lui reproduire ses plus belles dentelles, ce qu'elle obtiendra facilement par la simple superposition de l'ouvrage délicat sur le papier, dans un châssis *ad hoc*, et l'exposition à la lumière. Le dessinateur pourra, par le même moyen, obtenir en quelques minutes la contre-épreuve d'un dessin qui lui aura coûté plusieurs jours de travail. L'amateur de gravures se procurera de la même façon copie des œuvres d'art qui lui feront envie. Les collectionneurs de manuscrits, de signatures d'hommes illustres, auront la même facilité à se procurer les fac-simile de documents précieux. Tout objet mince enfin, qui, sur certains points, se laisse traverser par les rayons lumineux, qui sur d'autres points est opaque ou presque complétement opaque, pourra être reproduit sur le papier sensible. Si l'opacité est complète et générale, on ne pourra en obtenir que la forme, les contours, la silhouette; mais, le dessin graphique aidant, on aura la reproduction exacte de l'objet.

Ces premiers décalques, il est vrai, seront inverses et négatifs ; d'une part, les objets à droite seront à gauche, et réciproquement ; d'autre part, les blancs seront remplacés par des noirs, et les noirs par des blancs ; mais on obtiendra des copies redressées en se servant du premier décalque, pour en faire, de la même manière, un second contre-décalque.

Le premier décalque, en un mot, tient lieu de l'épreuve négative, et le contre-décalque redonne l'épreuve positive.

Ces moyens de reproduction ont certainement leur importance, et il serait difficile de prévoir toutes les applications qui peuvent en être faites dans les sciences, les arts ou l'industrie.

Il n'est pas sans intérêt de rapporter ici un article que nous avons lu dans le *Moniteur* du 22 mars 1860. Le voici :

« APPLICATION DE LA PHOTOGRAPHIE A L'IMPRESSION DES TISSUS.—Une curieuse application de la lumière à l'impression des tissus a été signalée par M. Persoz, en 1858, dans son cours de teinture au Conservatoire des Arts et Métiers.

« Le bichromate de potasse est un sel extrêmement sensible à l'action de la lumière. Sous l'influence des rayons lumineux, il se transforme en un composé insoluble à base d'oxyde de chrome, et permet ainsi de tracer des dessins sur les tissus par l'influence de la lumière, comme on le fait sur le papier avec les sels d'argent dans les opérations photographiques ordinaires. Voici comment on a tiré parti de ce fait pour obtenir des dessins sur les tissus par l'action de la lumière.

« Sur le tissu, préalablement trempé dans une dissolution de bichromate de potasse, on applique une feuille
mince de métal ou de papier noir découpée à jour, et
représentant le dessin que l'on veut produire. On serre
le tout dans un châssis, puis on expose à l'influence de
la lumière diffuse le papier ou la plaque découpée ; au
bout de quelques instants, le tissu se colore d'une manière très-apparente partout où la lumière passe, et on
voit, sur le tissu, la reproduction exacte du dessin. Ce
dessin est d'un rouge pâle très-solide.

« Cette teinture est susceptible de devenir un mordant
et de se combiner avec la garance, le campêche, etc. En
effet, si l'on trempe le tissu présentant le dessin photographique dans un bain d'une de ces dernières substances, on voit ce dessin altérer la couleur et se l'ap-
proprier. On a de cette manière imprimé un dessin sur
étoffe par un procédé qui a pour base la photographie.
(*la coloration industrielle*).»

Ces opérations, que l'on peut nommer photographiques, ne sont cependant pas de la photographie dans
toute l'acception du mot. La chambre noire n'y joue
aucun rôle, et on sait qu'elle est pour cet art l'objet de
première nécessité, vu que c'est par son secours que
l'on obtient l'épreuve négative sans laquelle on ne peut
faire l'épreuve positive. Nous allons en parler plus loin.

Auparavant, disons qu'en écrivant ce petit livre, nous
n'avons nullement la prétention de produire une œuvre
scientifique. Nous renverrons aux livres spéciaux ceux de
nos lecteurs qui voudront étudier à fond la théorie op-

tique et chimique de la photographie. Nous prenons d'ailleurs les manipulations à un point avancé, et ce qui nous reste à indiquer est assez simple; nous le ferons avec ordre et concision, évitant avec soin, et pour cause, les questions et les termes scientifiques. Nous ne parlerons que d'après des observations que nous devons à une laborieuse et longue pratique.

Nous indiquerons la manière de faire l'épreuve négative dans la chambre noire, de la développer, de la fixer, sans nous inquiéter des opérations préparatoires. Il en sera de même de l'épreuve positive que nous obtiendrons dans le châssis reproducteur sans opération préalable, puisque nous aurons des papiers pourvus des éléments qui les rendent sensibles à la lumière.

Ces avantages inappréciables sont dus à l'appareil conservateur, pour lequel nous avons pris un brevet.

On sait que l'art inventé par Niepce et Daguerre est fondé sur l'impressionabilité, par la lumière des substances désignées du nom commun de photogéniques, et parmi lesquelles les chlorures et iodures d'argent tiennent le premier rang.

Tous les procédés de photographie sont basés sur le même principe, même les décalques dont nous avons parlé plus haut.

A son origine, cet art consistait à fixer un dessin, au moyen de la chambre noire, sur plaque d'argent iodée. Aujourd'hui, on a presque abandonné la plaque pour le papier, mais le principe n'a pas changé; c'est toujours par le secours de la lumière, agissant dans la chambre noire munie de son objectif, sur les sels d'argent introduits dans la texture du papier, que le dessin se forme, au lieu de se former à la surface argentée et iodée d'une plaque métallique.

Le procédé originaire, celui de la daguerréotypie proprement dite, donne une image symétrique, mais positive ou représentant l'objet tel qu'il est. Avec ce procédé, il n'y a qu'une opération à faire. Avec les autres procédés dont nous allons parler, il y a deux opérations distinctes, celle de l'épreuve négative, et celle de l'épreuve positive.

Il existe trois procédés différents de photographie, nous pouvons même dire quatre, au moyen desquels on obtient d'abord des images négatives ou des *négatifs*, et ensuite des images positives ou des *positifs* sur papier; ce sont :

1° Le procédé sur papier proprement dit, avec positif et négatif obtenus sur papier ; 2° le procédé au collodion, négatif sur collodion, positif sur papier ; 3° le procédé à l'albumine, négatif sur albumine, positif sur papier; 4° le procédé mixte, négatif sur collodion albuminé, positif sur papier.

Le premier procédé seul nous occupera, nous ne parlerons des autres que pour mémoire.

Le collodion étendu sur plaque de verre est un procédé fort usité, le seul même qui, en général, donne de bons résultats pour les portraits. Aussi, c'est le procédé généralement employé par les photographes de profession dont la spécialité est le portrait. Il exige une grande habitude, des soins minutieux, un matériel bien installé, servant chaque jour; et, quelque habile que l'on soit, il faut s'attendre à des insuccès, car le collodion est très-inconstant.

Le procédé à l'albumine, étendue aussi sur plaque de verre, est précieux, mais hérissé de difficultés; il expose à de continuelles déceptions quand on n'a pas une grande habitude des tours de main indispensables à sa bonne réussite; ce qui fait que ce procédé est l'apanage exclusif de quelques opérateurs habiles.

Le procédé mixte, collodion et albumine sur plaque de verre, exige de longues préparations sans grande compensation dans les résultats. On a donné à ce procédé le nom de Taupenot, son inventeur.

Le procédé au papier, tel que nous l'offrons, présente le précieux avantage de n'exiger qu'un matériel fort léger. Il se recommande surtout pour les excursions, à cause de la facilité avec laquelle, au moyen de nos portefeuilles préservateurs, on met dans le chassis et l'on en retire le papier sensible en pleine lumière.

Sans atteindre la finesse du collodion, on obtient cependant, avec un papier que nous préparons spécialement à cet usage, des portraits qui ne sont pas sans mérite, et des vues stéréoscopiques qui ne laissent rien à désirer.

Un des précieux avantages du papier c'est de se conserver sensible pendant un temps fort long. Les papiers que nous avons retiré de nos appareils, après un mois de séjour, nous ont donné des épreuves négatives aussi belles que s'ils avaient servi le jour même de la sensibilisation.

Enfin le procédé sur papier sec est, de tous les procédés, le plus simple, le plus facile et le plus constant dans ses résultats, c'est celui qui est généralement employé par les amateurs.

Pour les personnes qui n'ont aucune notion de l'art photographique, nous faisons remarquer que lorsqu'on parle de photographie sur papier ou de procédé au papier, on entend toujours parler de la production de l'épreuve ou image négative, et non de la production des épreuves ou images positives, lesquelles s'obtiennent toujours de la même manière. Les procédés collodion, albumine, Taupenot et papier, aboutissent tous indistinctement à des épreuves positives sur papier et à des positifs identiques, car il faut une grande habitude pour discerner auquel des quatre négatifs sont dues les épreuves positives que l'on regarde. Nous pouvons même dire que, dans bien des cas, ce discernement est impossible.

Pour familiariser nos lecteurs avec la distinction essentielle de *positif*, épreuve positive ou directe, de *négatif*, épreuve négative ou inverse, nous leur offrons, au prix de deux francs, un négatif stéréoscopique sur papier. Ils pourront, s'ils le désirent, se donner la satisfaction de produire avec ce négatif autant de positifs qu'ils voudront, en faisant dans nos magasins la petite provision des objets nécessaires à la reproduction.

Peut-être ce petit essai sera-t-il pour le débutant le point de départ d'opérations moins élémentaires; cela dépendra incontestablement de l'intérêt qu'il y prendra. Nous mettons, du reste, nos faibles lumières et notre laboratoire de Courbevoie à la disposition de ceux de nos clients qui auront conçu le désir d'une initiation facile au plus charmant des arts, ou au plus artistique des métiers.

CHAPITRE PREMIER

Du papier négatif.

Nous allons indiquer sommairement les diverses préparations qu'il faut faire subir au papier pour le rendre sensible à la lumière.

Le papier négatif, pour être dans de bonnes conditions de conservation et donner de belles images, doit être ciré. Cette opération se fait dans nos ateliers, au moyen de machines et d'appareils spéciaux, par des ouvriers dressés à ce travail, simple en lui-même, mais qui exige cependant de l'habitude et un coup d'œil exercé.

Le papier est plongé dans de la cire en fusion, et on lui enlève l'excès de cire par une application convenable de la chaleur.

Un autre mode d'introduction de la cire dans la pâte du papier, consiste à plonger les feuilles dans un bain de cire dissoute dans de l'essence de térébenthine; mais ce procédé, plus compliqué dans son ensemble, ne présente pas d'avantages notables, et nous nous en tiendrons au papier ciré par la cire en fusion.

Il est vrai qu'on peut obtenir une image sur papier non ciré, mais à la condition de l'employer immédiatement ou peu de temps après la sensibilisation. La cire, en effet, remplit une double fonction; elle constitue un véritable encollage donnant au papier plus de transparence, et en même temps elle s'oppose à l'action réductrice ou altérante qu'exerceraient, presque infailliblement, aux dépens de la sensibilité, les diverses substances organiques ou inorganiques faisant partie de la pâte du papier.

Le procédé au papier ciré, autrement dit procédé par la voie sèche, offre une supériorité incontestable, car, à de magnifiques résultats, il réunit une exécution facile dans la pratique. Il a, sur la voie humide, l'avantage de pouvoir se pratiquer partout, sans embarras de tente, en pleine campagne et en pleine lumière, loin de toute habitation.

Nous avons inventé un châssis qui donne la faculté de pouvoir emporter en voyage plusieurs feuilles sensibilisées, et de prendre coup sur coup autant de vues que l'on a de feuilles de papier renfermées dans des porte-feuilles affectés au service du châssis. Ce châssis, en outre, remplace très-bien le châssis à glace dépolie dont on peut dès lors se dispenser, ce qui diminue d'autant le bagage photographique.

Au moyen de nos appareils conservateurs, le papier négatif ciré et sensibilisé se conserve un mois et plus sans s'altérer. Si on n'avait pas recours à cet appareil il ne faudrait pas compter sur une conservation de plus de trois à quatre jours en hiver, de deux jours au plus dans les chaleurs de l'été.

Après le cirage du papier négatif, une seconde opération est nécessaire, c'est celle de l'ioduration; elle consiste à plonger la feuille cirée dans une solution d'iodure et de bromure de potassium, à l'en retirer après parfaite immersion pour la suspendre par un angle, et à laisser sécher.

La troisième opération, celle de la sensibilisation, doit être faite dans un lieu sombre, éclairé par la simple lumière d'une bougie, ou dans une chambre qui ne reçoive pas d'autre lumière que celle qui a traversé des vitres en verre jaune.

Il est entendu que si ce travail se fait la nuit, il ne faut pas que les feuilles sensibilisées soient surprises, encore étendues, par les premiers rayons du jour.

On immerge les feuilles iodurées dans un bain d'acéto-nitrate d'argent pendant cinq minutes, on les retire, on les lave, on les éponge et on les fait sécher; elles sont alors prêtes à servir ou à recevoir, dans le châssis de la chambre noire, la radiation lumineuse.

C'est dans cet état que nous livrons le papier négatif aux personnes qui n'ont pas ce qui est nécessaire pour le faire elles-mêmes ou qui ne veulent pas s'en donner la peine. Voici, en tout cas, la formule du bain sensibilisateur :

Acide acétique cristallisable.	10 grammes.
Eau distillée.	100 —
Nitrate d'argent.	8 —

Si le liquide est trouble, on le clarifie ou on lui rend sa transparence en projetant, dans le flacon qui le contient, une petite quantité de kaolin.

Les ateliers spéciaux que nous avons installés pour chaque opération, munis d'ustensiles et d'appareils convenablement et commodément disposés, nous mettent à même de faire toutes ces préparations dans les conditions les plus favorables, et de ne livrer au public que des produits de qualité parfaite, avec lesquels la réussite est toujours assurée.

Ainsi que nous l'avons déjà dit, nous renverrons aux livres spéciaux, plus complets que celui-ci, ceux des lecteurs qui voudraient faire par eux-mêmes toutes les préparations, depuis la première jusqu'à la dernière, en leur recommandant d'une manière toute particulière les excellents ouvrages de M. Van Monckhoven, *Méthodes simplifiées de photographie sur papier*, 1 vol. in-8, prix 2 fr.; *Répertoire général de photographie, comprenant tous les procédés connus*, 1 fort vol. in-8 avec atlas, prix 10 fr.

CHAPITRE II

Mise des feuilles négatives sensibles dans les portefeuilles préservateurs, appelés par abréviation *Préservateurs*.

Quand on est pourvu de papier négatif sensible, il faut avoir soin de ne pas lui laisser voir le jour, autrement il serait hors de service et impropre à donner une image; sous l'influence du bain révélateur, dont nous parlerons plus loin, il noircirait complétement.

L'introduction des feuilles sensibles dans les portefeuilles préservateurs doit être faite à la simple lueur d'une bougie, ou, comme nous l'avons déjà dit, dans une pièce éclairée par la lumière du jour à travers des verres jaunes. On peut encore recouvrir les vitres d'un papier jaune collé soit sur les vitres, soit sur une étoffe servant de store; le papier jaune et l'étoffe réunis ne sont pas de trop quand le soleil donne sur les vitres.

Les portefeuilles préservateurs sont simples, et d'un maniement facile, on trouvera, page (55), la descriptio que nous en avons donnée dans le Bulletin de la Société française de photographie, séance du 1er mai 1857.

Après avoir étendu sur une table bien propre la feuille de papier sensible, plus longue d'un centimètre environ que le bristol ; on place le bristol sur la feuille, en laissant déborder le papier à la partie supérieure, on rabat le bord excédant, et on le fixe, au moyen d'un peu de gomme, sur le revers du bristol.

On introduit le papier ainsi fixé au bristol dans la gaîne du portefeuille, en prenant soin que le papier soit en avant, et le bristol en arrière ; le côté garni de petits bois indique l'envers ; on met la couverture ou l'opercule, on fixe au moyen d'une bande élastique en caoutchouc ; on est alors prêt à se mettre en voyage.

CHAPITRE III

Exposition à la chambre noire.

Arrivé sur les lieux où on doit prendre les vues, on dresse l'appareil sur le trépied, on dirige l'objectif vers l'objet ou paysage, on couvre le verre dépoli du drap noir, on se place dessous, et, examinant l'image produite sur le verre dépoli, on avance ou recule le tiroir de la chambre noire, jusqu'à ce que la dite image apparaisse dans la plus grande netteté. On retire alors le verre dépoli, et on remet à la place qu'il occupait un des préservateurs garni de papier sensible. Voici la manière de s'y prendre :

On ouvre la porte du châssis, on introduit dedans le préservateur dont le bord supérieur, celui opposé aux petits bois, pénètre dans l'ouverture rectiligne, pratiquée sur la tête du châssis; on ôte la couverture, les arrêts en bois doivent se trouver en dessus.

2

Le bristol, introduit dans la gaîne, jusque et y compris la languette, dont le ruban seul dépasse, est alors tiré ; c'est-à-dire qu'on le soulève à l'aide du ruban de la longueur de la languette, on rabat cette languette en équerre, en l'appuyant contre le bois ou la paroi du châssis qui fait saillie ; on abaisse ou l'on ferme la porte du châssis, laquelle appuyant fortement contre la languette du bristol, la fixe et la maintient dans une immobilité assurée.

On peut alors soulever la gaîne par la partie qui fait saillie à la tête du châssis, sans que le bristol et le papier sensible, retenus par la languette, se déplacent ; la gaîne soulevée, la feuille de papier sensible, est immédiatement placée derrière la glace du châssis, mais elle est encore préservée de la lumière par le volet du châssis.

On introduit le châssis dans la rainure de la chambre noire qui a été mise au point. On ouvre le volet et l'impression se fait.

Quand on a posé le temps voulu ; on referme le volet du châssis ; on abaisse ou l'on fait rentrer la gaîne sur le bristol ; on ouvre la porte du châssis pour rendre à la languette sa liberté ; on abaisse de nouveau la gaîne, jusqu'à ce qu'elle recouvre la languette, on place la couverture, et on fait sortir du châssis le préservateur fermé pour faire place à un autre.

N'oublions pas de dire, que, pour ne pas confondre les préservateurs renfermant des feuilles impressionnées avec ceux qui ne renferment que des feuilles sensibles non exposées, nous ne trouvons rien de mieux que de mettre la bande de caoutchouc en travers sur les premiers, en long sur les seconds. Il convient que les deux bandes soient mises, la première, dans le sens de l'ouverture du préservateur, la seconde, dans le sens de la coulisse, c'est-à-dire faisant pression du haut au bas du préservateur; l'opérateur reconnaîtra l'importance de cette mesure.

L'opération se répète autant de fois que l'on a de préservateurs garnis de feuilles sensibles, et que l'on veut prendre de vues.

Nous conseillons aux débutants de prendre plusieurs épreuves du même point de vue, afin de se familiariser avec l'instrument, et d'arriver à bien apprécier le temps moyen de pose qu'il exige; ce temps est très-difficile à déterminer, tant sont nombreuses et puissantes les causes qui influencent sa durée, et l'action exercée sur le papier sensible par les rayons lumineux.

Le temps de pose varie avec la nature des verres, la construction et l'ouverture de l'objectif, simple ou double, que l'on emploie, avec l'heure à laquelle on opère, avec la position de l'objet placé dans l'ombre ou en plein soleil avec l'intensité de la lumière, et l'état du ciel ou de l'atmosphère. En règle générale, et comme terme moyen, il convient d'admettre qu'une vue éclairée par un soleil d'été, et prise avec un objectif simple muni de son plus petit diaphragme, exige une pose de 10 à 15 minutes; qu'avec un objectif double, la pose sera considérablement diminuée, et ne sera plus que de 25 à 50 secondes.

Il est utile de signaler la remarque qui a été faite,

que la lumière avant midi a une action bien plus rapide que la lumière après midi.

Les papiers sensibles ont nécessairement aussi leur
part d'influence sur cette durée ; ils sont en effet plus ou
moins impressionnables à la lumière ; c'est-à-dire, que
pour recevoir une même impression, ils exigent un
temps plus ou moins long ; ceux, par exemple, dont
la surface est brillante, parce que l'albumine entre
dans leur préparation, sont plus lents, mais la len-
teur est compensée par une plus grande finesse de
l'image.

A l'aide de ces renseignements, avec un peu d'expérience, et des comparaisons, l'amateur parviendra sans
peine à se rendre compte de la rapidité plus ou moins
grande de son objectif, ainsi que de l'intensité de la lumière, qui doivent déterminer le temps ou la durée de
la pose.

Pour compter les secondes et les minutes, on se
sert d'un sablier, d'un pendule ou d'une montre ; à
défaut de ces instruments, ou si l'on veut se dispenser
de s'en servir, on compte lentement un, deux, trois,
jusqu'à soixante ; chaque nombre compté lentement
marque, à très-peu près, la seconde ; soixante, font la
minute.

Après avoir pris le nombre de vues que l'on désire,
et rentré chez soi, on peut à volonté développer l'i-
mage de suite, ou plusieurs jours plus tard. Si l'on veut
attendre, il sera bon de faire usage de l'appareil conservateur, on y mettra les feuilles impressionnées jusqu'au
moment de les soumettre au bain révélateur.

L'image n'est encore qu'à l'état latent dans la pâte du papier. Elle doit se révéler et prendre de la vigueur dans un bain d'acide gallique, dont la formule est indiquée au chapitre suivant.

CHAPITRE IV

Développement de l'image.

Dans un flacon plus ou moins grand, rempli d'eau filtrée, nous mettons une quantité d'acide gallique plus grande que celle que l'eau peut dissoudre ; il doit en rester au fond du vase une partie non dissoute.

Quand le liquide est bien saturé, on le verse dans un autre flacon, muni d'un entonnoir garni de papier à filtrer ; il est bon que ce second flacon soit divisé, pour que, dans chaque opération, on sache en grammes la quantité de liquide employée. Quand le moment de développer est venu, on verse dans une cuvette en porcelaine assez de liquide pour former une couche de quelques millimètres, on ajoute 7 à 8 gouttes d'acéto-nitrate d'argent par cent grammes de la solution, on opère le mélange au moyen d'une barbe de plume ou d'un pinceau, le bain est prêt à servir.

On prend le papier impressionné par les deux bords

opposés, on fait adhérer l'un des bords au liquide, on abaisse régulièrement l'autre, en chassant les' bulles d'air qui voudraient se former; enfin, à l'aide d'une barbe de plume, on force la feuille à s'immerger complétement.

Nous avons parlé plus haut d'acéto-nitrate d'argent, il faut que nous en donnions la formule.

Dans un petit flacon de 100 grammes rempli d'eau distillée, on met : nitrate d'argent 7 grammes, acide acétique 10 grammes; quand la dissolution est complète, on filtre, et la liqueur est préparée.

Pour la plus grande commodité de nos clients, nous avons des solutions toutes faites, et prêtes à servir.

On suit avec soin le développement de l'image, jusqu'au point convenable; le temps nécessaire à ce développement varie à l'infini. Quelquefois il suffit d'une demi-heure pour l'amener au degré convenable, c'est le temps minimun; souvent il faudra plusieurs heures.

On reconnaîtra que l'épreuve est suffisamment venue, quand le ciel sera d'un noir complétement opaque, que les lumières et les clairs auront pris des teintes sombres, proportionnelles à leur intensité, et que les ombres, représentées par des blancs, auront conservé leur vigueur et une parfaite translucidité. Alors on retire l'épreuve et on la met dans l'eau pour arrêter l'action de l'acide gallique.

Quand la pose a été trop courte, l'image apparaît lentement; on est obligé de forcer la dose d'acéto-nitrate d'argent, et c'est toujours au grand détriment de l'épreuve. Quand, au contraire, la pose a été trop longue, le ciel, d'une teinte rougeâtre, reste transparent, et tout le cliché manque de vigueur; il n'a acquis que des teintes égales et sans valeur. Il vaut donc mieux, en général, tomber dans l'excès contraire, poser trop peu que trop, en s'efforçant, et on y arrive par l'exercice, de rester dans les justes limites d'une pose ni trop courte ni trop longue; alors l'image se développera en une demi-heure, la quantité d'acéto-nitrate d'argent ajoutée à l'acide gallique pourra rester très-petite, et l'épreuve atteindra une vigueur extraordinaire, les noirs seront opaques et les détails dans les ombres nettement exprimés.

Il est des cas, cependant, où la pose un peu prolongée est nécessaire; ce sont ceux où des maisons blanches éclairées par un soleil ardent tranchent avec des ombres épaisses sur un ciel bleu. La prolongation de pose, dans ce cas, aura pour effet d'affaiblir les grands noirs et de les mettre plus en harmonie avec les blancs des fortes ombres, qui auront eu plus de temps pour acquérir une valeur convenable.

L'aspect granuleux que présentera l'épreuve après le développement ne doit pas inquiéter; après la dernière opération il aura disparu.

CHAPITRE V

Fixage de l'épreuve négative.

Après avoir lavé l'épreuve au sortir du bain révélateur, il faut la fixer en débarrassant le papier de l'iodure d'argent non réduit resté dans sa substance.

On fait une solution avec eau 1000 gr., hyposulfite de soude 400 gr., et on y plonge l'épreuve en évitant es bulles d'air.

Après une demi-heure de séjour, environ, dans le bain, temps nécessaire pour faire disparaître la teinte jaune du papier, on lave l'épreuve à grande eau pendant une demi-heure et on la suspend pour faire sécher.

Il importe de faire disparaître le pointillé général que présente l'épreuve séchée; pour cela on expose la feuille à la chaleur douce d'un foyer ou d'un fourneau. La cire alors se fond et se répand uniformément dans la substance du papier, qui redevient blanc, homogène, uni et transparent.

Si le ciel de l'épreuve n'était pas assez noir, on aurait la ressource du pinceau et de l'encre de Chine pour le rendre tout à fait opaque. L'inconvénient d'un cliché dont le ciel serait translucide se fait vivement sentir dans le tirage de l'épreuve positive.

CHAPITRE VI

Du papier positif.

Les préparations qu'il faut faire subir au papier positif pour le rendre sensible à la lumière sont au nombre
de deux : enduire le papier d'un chlorure alcalin, et
transformer le chlorure alcalin en chlorure d'argent.
Divers sels sont employés pour la première préparation;
les principaux sont le chlorure de sodium et le chlorure
d'ammonium dissous dans de l'eau. Quand on veut que
le papier soit brillant, ce qui donne beaucoup de finesse
aux épreuves, on mêle des blancs d'œufs (albumine) à la
solution des chlorures. Si l'on veut une surface plus
brillante encore, la dissolution des chlorures se fait dans
de l'albumine pure sans eau.

La transformation du chlorure alcalin en chlorure
d'argent, ou la sensibilisation du papier, se fait par un
bain d'azotate ou d'acéto-nitrate d'argent.

Dans nos ateliers, ce travail se fait à l'aide de machines et d'appareils spéciaux, avec un soin extrême et par l'emploi des justes proportions d'albumine et de sels pour chaque espèce de papier. Nous sommes ainsi à même de garantir trois sortes de papiers de qualité toujours égale et que nous avons constamment en magasin : papiers albuminés simples, papiers albuminés extra, papiers albuminés super-extra; ce dernier, d'une supériorité incontestable sur tout autre papier, est d'un brillant parfait et donne des tons admirables aux épreuves.

Ce n'est pas sans peine et sans de nombreuses recherches que nous sommes parvenus à un degré aussi élevé de perfection. Mais si nous avons rencontré des difficultés inévitables au début d'une industrie nouvelle, et si même nous avons fait des écoles dont nos clients ont eu à se plaindre, aujourd'hui nous sommes en mesure de les dédommager largement.

CHAPITRE VII

Tirage de l'épreuve positive.

L'obtention de l'épreuve positive est le but final de la photographie, on ne constate la parfaite réussite des premières opérations qu'à la vue de l'image positive, c'est alors seulement qu'on peut en apprécier les mérites ou en reconnaître les défauts.

Après avoir nettoyé la glace du châssis reproducteur, on y place l'épreuve négative, la face impressionnée en dessus, puis la feuille de papier positif, le côté sensibilisé appuyé contre la face impressionnée du négatif, et enfin la planchette à charnière.

Si cette opération se fait au grand jour, elle devra s'exécuter vivement, pour ne pas laisser au papier le temps de se colorer. On expose le châssis fermé aux rayons solaires directs, ou à son défaut à la lumière diffuse, sous une inclinaison telle que les rayons lumineux tombent perpendiculairement sur la glace. Dans le premier cas, l'impression sera deux fois plus prompte et l'image beaucoup meilleure, il doit donc être préféré.

On suit attentivement la marche de la coloration de l'épreuve qui passe par diverses teintes. On la laisse arriver à la teinte légèrement violacée dans les blancs et métallisée dans les grand noirs. On la retire alors du châssis et on l'introduit dans la boîte conservatrice, pour la fixer, ainsi que nous l'indiquerons dans le chapitre suivant.

CHAPITRE VIII

Fixage de l'épreuve positive.

L'image ainsi obtenue ne serait pas stable, il faut la fixer; voici la formule du bain fixateur :

Eau ordinaire. . . . . 500 gr.
Hyposulfite de soude. . . . . . 100 »

On plonge l'épreuve dans ce bain en évitant les bulles d'air; après une demi-heure, on la retire et on l'examine par transparence : si le grenu a disparu, c'est un signe certain que l'épreuve est fixée. Il faut alors la rincer avec soin et la plonger dans une masse d'eau, souvent renouvelée, pendant environ vingt-quatre heures.

Une épreuve ainsi fixée n'est pas d'une nuance fort agréable à l'œil. Dans un chapitre supplémentaire, nous indiquerons la manière de lui donner des tons chauds et harmonieux qui la rehaussent, et lui donnent une valeur artistique, voir page 45.

On fait sécher l'épreuve en la suspendant par un angle, ou en l'exposant devant un feu vif et ardent. Cette dernière manière est surtout recommandée pour les épreuves faibles ; elles atteignent ainsi une vigueur qu'elles n'auraient pu obtenir autrement ; les noirs deviennent plus forts et plus homogènes dans leurs nuances ; l'ensemble de l'épreuve y gagne beaucoup.

CHAPITRE IX

Du stéréoscope.

Parmi les applications de la photographie, le stéréoscope est sans contredit une des plus curieuses, parce que, en montrant réunies en une seule deux images jumelles, il donne aux objets que les images représentent le relief qu'ils ont dans la nature.

Il suffit, pour produire cette illusion, de deux prismes placés à côté l'un de l'autre sur la face antérieure de l'instrument dans lequel on regarde la double image, et que l'on nomme stéréoscope.

Voilà pour l'effet produit. Nous allons voir maintenant comment on arrive à obtenir les doubles images stéréoscopiques.

CHAPITRE X

Appareil quart pour vues, portraits et doubles vues stéréoscopiques.

Cette chambre noire, de système ordinaire, avec objectif double, se transformant à volonté en objectif simple, que nous faisons spécialement construire pour les commençants, ne diffère des autres appareils que par la disposition particulière du châssis et des portefeuilles préservateurs de notre invention, appropriés aux vues accouplées pour le stéréoscope.

On peut, avec cet appareil, faire à volonté soit des vues simples de dimensions quart, 10 centimètres sur 13, soit des doubles vues stéréoscopiques. Les seules pièces à changer sont les portefeuilles préservateurs.

Pour les vues accouplées, on devra de préférence employer l'objectif double, parce qu'il est plus rapide et qu'il suffit à couvrir convenablement, sans déformation dans les angles, la surface peu étendue de ces vues.

Quand, au contraire, on voudra faire des vues de toute l'étendue du châssis, il faudra, pour que l'image soit nette partout, employer l'objectif simple avec diaphragme, et alors on opérera avec les préservateurs simples de la manière que nous avons décrite à la page 15.

Le relief que présentent les images stéréoscopiques vues dans l'instrument dépend des angles différents sous lesquels elles sont prises.

Les préservateurs à double usage, de notre invention, ont pour but de faciliter cette opération, sans augmentation de frais d'appareil.

La manœuvre simple que nous allons indiquer fera aisément connaître la disposition particulière de ces préservateurs, dont nous donnons d'ailleurs la description à la page 55.

CHAPITRE XI

**Mise du papier négatif sensibilisé dans le préservateur
pour vues stéréoscopiques.**

Le papier négatif sensibilisé, coupé un peu plus
grand en tous sens que la double vue que l'on veut obtenir, 15 centimètres sur 8 et demi, est plié dans le
sens de sa longueur, suivant deux moitiés égales qui se
superposent. Le bristol, muni à son sommet de deux
onglets formant chapiteaux, présente, vers un de ses
bords longitudinaux, une fente un peu plus longue que
le pli du papier sensibilisé ; on introduit dans la fente
un des bords du papier, et l'on engage le pli dans la
fente, de sorte que le papier soit comme à cheval sur la
fente, avec une de ses moitiés en dessus, l'autre en dessous du bristol. On rabat les deux onglets-chapiteaux qui
recouvrent un peu les bords supérieurs du papier et le
fixent, en laissant à découvert les faces qui doivent recevoir les deux images. On introduit cet ensemble du
papier et du bristol dans la gaîne, en prenant soin que

les numéros des faces du bristol correspondent aux numéros des faces de la gaîne ; 1 à 1, 2 à 2.

Pour la plus parfaite intelligence du lecteur, nous donnons, avec les préservateurs, un modèle qui indique la disposition du papier sur le bristol.

Le papier ainsi fixé étant renfermé dans les portefeuilles préservateurs garnis de leurs couvertures, et maintenus fermés par une bande élastique, on est prêt à se mettre en campagne.

CHAPITRE XII

Exposition dans la chambre noire de la double vue stéréoscopique.

Arrivé sur les lieux où l'on veut opérer, on met au point, comme nous l'avons déjà indiqué au chapitre III, avec cette différence que préalablement on aura eu soin de mettre en avant du verre du châssis le cadre en carton qui doit limiter le champ exact de la vue stéréoscopique. Ce champ est disposé de façon à correspondre aux surfaces 1 et 2 du papier négatif placé dans le préservateur.

On introduit le préservateur dans le châssis, comme nous l'avons indiqué précédemment, en prenant soin que le n° 2 du préservateur soit en avant, c'est-à-dire appuyé contre la glace, tandis que le n° 1 sera en regard de l'opérateur.

On fait glisser le châssis dans la coulisse de la chambre noire, et, après avoir mis le papier sensible à découvert, on laisse poser suivant les règles ordinaires.

Après cette première pose et les manœuvres nécessaires pour recouvrir le papier sensible, on retire le préservateur du châssis, comme on l'a déjà indiqué chapitre III; on retourne le préservateur pour le placer de nouveau dans le châssis, le n° 1 appuyé contre la glace. Cette fois l'opérateur aura en regard le n° 2, qui lui rappellera que c'est la seconde pose de la double vue qu'il va faire.

Le premier préservateur fera place à un deuxième, et l'opération se répétera autant de fois que l'on voudra.

Il ne faut pas omettre de dire que le relief des vues stéréoscopiques s'obtient par le déplacement de la chambre noire; installée d'abord à gauche, sur la planchette du trépied, pour la première pose, elle sera reportée à droite pour la seconde pose. Un déplacement de 10 centimètres environ donne un angle suffisant.

Bien des théories contradictoires se sont produites au sujet de la vision binoculaire. Il ne nous appartient pas de les discuter ; nous nous bornons à indiquer ce qui nous a le mieux réussi dans la pratique, en renvoyant le lecteur aux auteurs compétents. M. Van Monckhoven a longuement et savamment traité cette question dans son *Répertoire général de photographie.*

Le temps de pose pour chaque épreuve doit être le même, à moins cependant que des conditions différentes de lumière ne se produisent dans l'intervalle des deux poses. L'intensité moindre de lumière devra naturellement être compensée par une pose plus longue, et réciproquement. Si la première pose a eu lieu en plein soleil, la seconde devra avoir lieu elle-même en plein soleil. Si donc le soleil s'est couché entre les deux poses, il faudra attendre sa réapparition pour procéder à la seconde opération. Il importe grandement que l'opérateur s'exerce à parer aux différences de lumière, en étudiant leur influence sur l'impressionnement des doubles images.

Nous nous croyons dispensés de répéter ce que nous avons déjà dit pour le développement et le fixage des épreuves négatives. Nous en avons donné la formule au chapitre IV, nous n'avons rien à y ajouter.

On trouve dans le commerce des appareils pour vues stéréoscopiques doubles, ou armés de deux objectifs, avec lesquels les vues accouplées sont produites en une seule et même pose; mais le prix de ces appareils est assez élevé, et le champ des vues qu'ils permettent d'obtenir est assez restreint, de 7 centimètres carrés environ; tandis que, avec nos appareils, on peut prendre des vues de 10 centimètres sur 15; l'effet du relief est aussi très-limité; enfin, avec l'appareil à double objectif, fort commode du reste et fort expéditif, on est obligé, après le tirage, d'intervertir les images, c'est-à-dire de placer celle de droite à gauche, et *vice versa*. Le relief ne se produit, dans le stéréoscope, qu'à cette condition pour les images négatives comme pour les images positives.

Dans un article supplémentaire, page 58, nous indiquons la manière de monter les vues stéréoscopiques sur carte.

Nous n'avons pas besoin de dire que le tirage des épreuves positives doubles se fait de la même manière que celui des épreuves simples ; la formule ne diffère en rien de celle que nous avons donnée au chapitre VII.

Si on était tenté de faire le portrait avec le petit appareil quart de plaque, dont nous avons parlé plus haut, on pourrait sans doute y parvenir, mais il ne faut pas perdre de vue que le collodion peut seul donner l'excessive finesse qu'exige la reproduction des traits du visage. Les portraits ou cartes de visite que donnera notre papier négatif n'auront pas cette excessive finesse, mais ils ne seront cependant pas sans mérite, et avec beaucoup d'exercice on réussira à les faire accueillir favorablement.

On voit, en effet, par la petite épreuve positive ci-jointe, que l'on peut, avec un objectif quart allemand, obtenir un assez bon portrait. On rencontre sans doute dans les objectifs de nos bons opticiens français, des instruments aussi parfaits, mais il faut être favorisé d'une chance heureuse. Les instruments qui nous viennent d'outre-Rhin, sont au contraire toujours exactement les mêmes.

Le genre des petits portraits appelés cartes de visite est tellement en vogue ou à la mode aujourd'hui que les ateliers photographiques, si nombreux dans Paris, ne suffisent plus à satisfaire aux demandes de la foule qui les assiége.

C'est qu'en voyant ces charmantes petites miniatures, chacun est tenté d'aller poser devant l'objectif, qui donne, comme par enchantement, ces reproductions si harmonieuses et si belles. Que l'on ne s'y trompe pas, toutefois, tous les ateliers photographiques ne sont pas dans les conditions voulues pour rendre avec vérité, dans cette petite dimension, les traits du modèle ; c'est un privilége qui n'est donné qu'aux photographes propriétaires de vastes ateliers. Ce n'est pas avec de petits objectifs que ces mignonnes images peuvent être obtenues, mais avec de larges objectifs placés à grande distance du modèle. Si, par un rapprochement exagéré, on force la dimension de l'image, on arrive fatalement à faire la charge de la personne qui pose.

Si les femmes sont si souvent mécontentes de leur portrait, c'est que les photographes n'ont pas su se pénétrer de ce principe que plus ils descendront la gamme, si nous pouvons nous exprimer ainsi, de l'objectif dont ils disposent, c'est-à-dire que, plus ils feront petit, plus ils obtiendront de vérité dans la reproduction des traits du visage.

Nous avons vu, dans les splendides ateliers photographiques d'un amateur parisien, un appareil vraiment merveilleux. Il donne en quelques secondes huit épreuves négatives sur la même plaque de verre. L'ingénieux mécanisme de cet appareil pour cartes de visite fonctionne de façon à laisser un temps d'arrêt entre les épreuves successives, ce qui donne au modèle la faculté de prendre tour à tour six ou huit poses différentes. Cet appareil se recommande aux photographes de profession qui veulent produire bien, vite et beaucoup, et suivre dans la voie du progrès les amateurs distingués qui leur en ouvrent le chemin.

Ces petites images tirées en positif sur papier albuminé très-brillant sont d'une ravissante beauté. Nous en avons vu pour le tirage desquelles on avait employé notre papier au chlorure d'or; elles étaient vraiment remarquables par leurs tons riches et harmonieux. Le procédé de virage adopté était celui de M. Bayard.

Ce procédé, très-simple et facile dans la pratique, donne en effet des tons chauds et des teintes admirables. Nous croyons être utiles à nos lecteurs en leur en donnant la formule. Nous le faisons avec assurance et après avoir pu nous-mêmes en constater les brillants résultats. (Voir page 45).

Les cartes de visite, si mignonnes, et tant à la mode en ce moment, ont donné naissance, dans les salons, à l'album des visiteurs, livre hospitalier qui ouvre incessamment ses pages aux petits chefs-d'œuvre que les Meyer, les Disderi, les Alophe et tant d'autres font sortir de leurs chambres obscures mystérieuses. On peut ainsi former une petite galerie de parents, d'amis, de simples connaissances, destinée à devenir avec le temps des archives pleines de souvenirs vivants des impressions autrefois reçues et toujours précieuses.

Nous tenons de ces albums de toutes les dimensions, et de tous prix, à la disposition des acheteurs.

Nous avons, en outre, des cartes gaufrées destinées au montage des épreuves plus belles ou plus précieuses.

Pour que l'on puisse juger de l'effet de ces cartes de visite, et, par la même occasion, apprécier le résultat obtenu avec notre papier négatif pour portrait, nous donnons ici un échantillon des unes et de l'autre. Le lustre admirable de l'épreuve est dû à notre mode de vernissage au tampon, qui se trouve décrit à la page 64 de cet opuscule.

Nous collons, avant de les vernir, sur papier fort, autant de ces portraits que la feuille peut en contenir; après vernissage, nous les coupons à la dimension voulue, et enfin nous les collons sur la carte gaufrée dont il a déjà été question.

Ces mêmes cartes gaufrées servent à faire de fort jolis passe-partout, auxquels nous donnons le nom de châssis articulés, parce que la carte tourne autour d'un de ses bords formant charnière. L'image appliquée contre son envers est maintenue par les quatre angles engagés sous quatre onglets. Ces porte-images servent à beaucoup de photographes pour livrer leurs portraits qui gagnent à être ainsi encadrés ; ils servent aussi à introduire les photographies dans les albums, ou à former des albums ou volumes uniquement composés de photographies ; leur emploi rend le travail du relieur beaucoup plus facile.

CHAPITRE XIII .

Procédé de virage et fixage de M. Bayard.

Nous avions demandé à M. Bayard de vouloir bien nous communiquer son procédé de virage et de fixage ; il nous a répondu, avec sa bienveillance habituelle, par ces quelques lignes, accompagnées de la formule que nous désirions tant obtenir :

« Monsieur,

« Vous m'avez demandé que je vous fasse connaître mon procédé de virage des épreuves positives, le voici :

« Faites dissoudre 1 gramme de chlorure d'or dans 200 grammes d'eau distillée, versez cette première solution par petites parties, et en agitant, dans la suivante :

Eau distillée.	800 grammes.
Sel ammoniac.	20 —
Hyposulfite de soude. . .	4 —

« Avant de faire le mélange, il faut que les sels soient complétement dissous. Laissez reposer au moins pendant six heures.

« Les épreuves doivent être tirées un peu moins vigoureuses que pour les procédés de virage ordinaire ; les laver pendant un quart d'heure, en changeant d'eau deux fois, les faire égoutter, les mettre ensuite dans le bain de virage ci-dessus, et les agiter souvent.

« Le bain doit être un peu chaud, surtout dans cette saison (l'hiver) ; pour cela, employer une cuvette en porcelaine qu'on lavera d'abord avec de l'eau chaude, puis avec une eau très-chaude qu'on y laissera pendant quelques minutes, et que l'on remplacera par le bain d'or.

« Faire virer jusqu'au noir violacé ; un peu d'expérience de ce procédé suffira pour connaître le ton auquel on devra s'arrêter. Fixer pendant 12 ou 15 minutes dans un bain d'hyposulfite à 20 pour 100, laver comme d'habitude, et terminer par un lavage à l'eau chaude.

« Il faut éviter de se servir trop longtemps du même bain d'hyposulfite.

« Voilà, monsieur, en quoi consiste le procédé de virage dont les résultats vous ont paru satisfaisants.

« Votre très-dévoué, etc.

« BAYARD. »

Comme renseignement, nous ajouterons que quand le bain de virage s'épuise, on en fait un nouveau, auquel on peut, sans inconvénient, joindre l'ancien. Nous dirons même que ce mélange nous a donné les meilleurs résultats.

Nous produisons en grand, et nous tenons tout prêts, à la disposition du photographe, des bains de virage qui ont le double avantage de la bonne qualité et du bon marché. 100 grammes de la solution concentrée, que nous livrons en flacons au prix de 2 francs 50 centimes, étendus de 900 grammes d'eau, donnent un bain de virage de 1,000 grammes bien supérieur à celui qu'on pourrait préparer soi-même.

On évitera de faire le lavage des épreuves positives au grand jour, car, dans le bain d'eau, elles sont encore sensibles et s'y colorent. Les blancs de l'image ne seront donc conservés qu'à la condition d'un lavage à la lumière jaune du laboratoire, ou le soir, dans tel lieu que l'on voudra, à la lueur d'une bougie.

Des papiers fortement albuminés, qui avaient jauni après le bain sensibilisateur, sont sortis très-blancs des bains de virage et de fixage de M. Bayard, que nous considérons comme supérieurs à tout ce qui a été indiqué.

En mettant gros comme une noix de blanc d'Espagne dans environ un litre de vieux bain d'hyposulfite de soude, on le dégage du sulfure qu'il contient, et il peut servir tant qu'il conserve une action assez énergique sur les épreuves. Cette action cesse de se produire quand il ne dissout plus le chlorure d'argent non réduit contenu dans la pâte du papier; le chlorure n'est plus dissous quand, en regardant l'épreuve par transparence, on voit le papier grenu et empâté. L'épreuve n'est bien fixée que quand le papier est net, égal et transparent.

Il ne faut pas perdre de vue que la solidité des épreuves dépend surtout d'un bon fixage.

CHAPITRE XIV

Ce papier, plus spécialement destiné à faire le portrait, peut également servir pour vues. Sa sensibilité le fait aussi rechercher quand il s'agit de reproductions stéréoscopiques avec personnages, ou de paysages avec figures animées. Il joint à la rapidité une grande finesse et, presque, la transparence du verre. Il offre de plus l'avantage inappréciable de l'instantanéité du développement.

Ce papier n'est pas encore classé à notre catalogue; mais on peut le désigner sous le n° 711 *bis*, demi-feuilles (de 28 sur 43 c.) à 25 francs la main. Il ne se fait pas en grande dimension.

Avec un objectif double, la pose de ce papier sera de 50 à 60 secondes dans un atelier, de 40 à 50 secondes en pleine lumière, de 25 à 30 secondes au soleil. D'après ces données et un peu d'habitude, on jugera aisément le temps que l'on devra poser avec un objectif simple dans les différentes conditions de lumière.

Nous obtenons le développement instantané par la méthode suivante :

Dans une cuvette en porcelaine tenue chaude, nous versons, après l'avoir fait chauffer et filtrer, une petite quantité d'acide gallique à saturation. Nous y plongeons entièrement, et aussi vite que possible, en évitant les bulles d'air, le papier impressionné ; aussitôt l'image apparaît dans toute son étendue, mais pas assez vigoureuse. Elle a besoin d'être renforcée ; pour cela, nous avons une autre cuvette, dans laquelle nous mettons de .l'acide gallique aussi à saturation, mais non chaud. Nous l'additionnons de quelques gouttes d'acéto-nitrate d'argent, et nous y plongeons l'épreuve déjà venue dans le bain chaud. Elle se complète dans ce second bain ; nous l'y laissons jusqu'à ce qu'elle ait atteint toute la vigueur désirable, ce qui ordinairement a lieu en moins d'une demi-heure. Mais, si ce temps n'est pas suffisant, nous ne trouvons nul inconvénient à le prolonger.

On peut développer par la formule ordinaire ; mais le procédé qui précède est plus prompt et donne des résultats supérieurs. On a, en outre, le plaisir de voir le dessin se former sous ses yeux en moins d'une minute.

Si, parce que le temps de pose a été trop court, l'épreuve est très-lente à prendre de l'intensité dans les noirs, on pourra hâter le développement de la manière suivante. Sur une glace mise de niveau on verse quel-

ques gouttes d'acéto-nitrate d'argent ; on étend l'épreuve
sur la glace, le côté impressionné en contact avec le
liquide ; au bout de 10 à 12 minutes on l'enlève et on
la plonge de nouveau dans le bain d'acide gallique ; il
vaut mieux agir ainsi qu'ajouter le nitrate d'argent au
bain d'acide gallique ; l'épreuve tendra moins à se pi-
quer et se conservera plus intacte. On pourra, s'il est
nécessaire ou utile, répéter plusieurs fois cette même
opération.

Un bon moyen d'avoir de l'acide gallique à saturation
constamment prêt consiste à mettre cette substance en
excès au fond d'un flacon bouché à l'émeri et rempli
d'eau distillée ; on tient le flacon bien fermé. On ne
prend à chaque opération que juste la mesure dont on a
besoin, et l'on remet la même quantité d'eau ; on a
ainsi une solution constamment saturée, fraîche et
bonne, à la seule condition qu'il y aura toujours de
l'acide gallique en excès au fond du flacon, ou qu'on
n'attendra pas qu'il soit entièrement absorbé ou dissous
pour en mettre d'autre.

Pour filtrer l'acide gallique, on prend un flacon de la
capacité que l'on juge convenable, on y introduit le
bout d'un entonnoir garni d'un filtre en papier, et l'on
verse la quantité de liquide dont on a besoin. Si la solution doit être employée à chaud, on élèvera la température au degré voulu, en approchant le flacon du feu ou
en le plongeant dans un vase rempli d'eau chaude.
Le bain révélateur devra être entretenu à la même
température tant que l'on aura de nouvelles épreuves à y plonger. On pourra, pour cette opération,

faire simplement usage d'une petite lampe à esprit-de-vin.

Au bout d'un certain temps, ou après le développement d'un certain nombre d'épreuves, on verra le bain noircir, et le moment sera venu de le renouveler.

Quelque méthode que l'on ait suivie pour développer ou révéler l'épreuve négative, dès qu'elle sera parvenue au degré ou ton voulu, on arrêtera le développement en la plongeant dans l'eau, et, après un séjour d'une demi-heure, on la fixera de la manière que nous avons déjà indiquée.

L'épreuve fixée et séchée est soumise à l'influence à distance de la chaleur d'un feu de cheminée ou d'un fourneau, pour faire fondre la cire. Il faut éviter de l'approcher trop près, autrement le grenu que l'action de la chaleur a pour but de faire disparaître ferait place à un pointillé détestable, et le cliché serait impropre à donner de bonnes épreuves positives.

Quand, parce que la pose a été trop courte, les blancs de l'épreuve ont jauni sous l'action prolongée de l'acide gallique, nous les ramenons à leur blancheur première en plongeant l'épreuve, après lavage, dans un bain de chlorure de chaux. Cette opération a un autre avantage, elle harmonise les tons du négatif, et achève de leur donner les qualités nécessaires à la production de bons positifs. Le bain de chlorure de chaux doit être saturé et filtré avant de servir.

CHAPITRE XV

**Avantages de l'appareil conservateur des papiers
sensibilisés.**

Cet appareil, d'une utilité parfaitement constatée, est
apprécié et recherché par les artistes de profession autant que par les amateurs ; il est devenu l'accessoire in-
dispensable de tout atelier bien organisé. On ne saurait
calculer ce qu'il économise de temps et d'argent.

N'arrive-t-il pas chaque jour, qu'après avoir préparé
du papier sensibilisé pour s'en servir de suite, on s'en
trouve empêché par une circonstance imprévue quel-
conque, le mauvais temps, si fréquent et si subit, et
mille autres causes qu'il serait trop long d'énumérer ?
Dans ce cas, le papier que l'on a préparé se trouve
perdu. Si, au contraire, on a eu soin de le serrer dans
l'appareil conservateur, on l'y retrouvera au bout d'un
mois en aussi bon état que le premier jour.

Et quel avantage inappréciable cet appareil n'offre-
t-il pas en voyage, surtout pour le papier négatif sensi-.

bilisé? On ne craint pas, après avoir préparé chez soi un certain nombre de feuilles, d'entreprendre une excursion de plusieurs jours, sûr que l'on est de retrouver ces feuilles, quand le moment de s'en servir sera venu, aussi bonnes qu'à l'heure même de la sensibilisation.

Ce petit meuble est encore plus nécessaire aux amateurs qu'aux artistes. Celui qui achète du papier tout sensibilisé doit trouver en rentrant chez lui un appareil dans lequel il puisse l'enfermer, puisqu'il s'exposerait, s'il n'employait pas ce papier de suite, à le voir se colorer et perdre de sa valeur.

Ce n'est pas seulement avant l'impressionnement du papier que l'appareil conservateur est utile. On sera souvent très-heureux de l'avoir sous la main lors du développement ou de la révélation des images. Si, en effet, on n'a pas le temps de fixer l'image lorsqu'elle est venue, on la serrera dans l'appareil, où elle conservera toute sa valeur aussi longtemps que l'on voudra.

Nous avons de ces appareils de toutes les dimensions, de toutes les formes, de tous les prix, depuis 4 francs 50 centimes jusqu'à 20 francs et plus pour les dimensions *extra*.

Nous faisons des expéditions de papier sensibilisé dans des emballages conservateurs, qui ont pour base le même principe.

Il est bon toutefois, quand on reçoit ce papier, d'avoir un appareil pour le serrer, car l'emballage ne conserve que le temps juste du voyage.

On évitera avec soin de laisser l'appareil conservateur

ouvert, car la substance préservatrice qu'il renferme se liquéfierait, et il faudrait la renouveler.

Nous nous chargeons, du reste, de toutes les réparations de ces appareils et à peu de frais.

CHAPITRE XVI

Description du châssis et des portefeuilles préservateurs.

Le châssis préservateur conserve la forme et la construction ordinaire, il porte seulement à sa partie supérieure une ouverture pour laisser passage aux gaînes qui contiennent le papier sensible, et que j'appelle portefeuilles préservateurs.

Chaque portefeuille peut renfermer deux feuilles de papier sensible; avec quelques portefeuilles très-peu encombrants, on peut, dans ses excursions, emporter un grand nombre de feuilles, préalablement sensibilisées, sans augmenter le bagage photographique. Le changement de feuille dans le châssis se fait en pleine lumière, sans la moindre difficulté.

La planchette du châssis, qui, comme je l'ai dit, conserve la forme ordinaire, est munie intérieurement de quatre ou cinq ressorts garnis d'étoffe, destinés à faire pression sur le bristol porte-papier pour l'appliquer contre la glace : une ouverture est pratiquée à la partie supérieure du châssis pour donner passage aux porte-feuilles ; une platine, adaptée à la partie inférieure de la planchette, est destinée à retenir en place le bristol porte-papier, de telle sorte que la gaîne, se déplaçant sous l'effort du doigt qui la soulève ou la tire de bas en haut, mette à nu le papier sensible, qui, lui, est tenu en place contre le bristol par un ressort fixé à la platine.

Nous avons dit que les portefeuilles sont des sortes de gaînes de la dimension intérieure du châssis, munies d'un prolongement qui traverse, en la dépassant, l'ou-verture dudit châssis ; ils renferment un bristol dont la dimension est exactement en tout sens celle de la glace.

C'est à ce bristol que sont fixées les feuilles de papier sensible, sans qu'il soit besoin de les coller ; un simple pli au haut de la feuille passé dans l'épaisseur du bristol, suffit à maintenir suffisamment la feuille de papier sen-sible. On comprend qu'il y a une feuille de chaque côté du bristol, et qu'après avoir obtenu l'impressionnement de la première feuille, on retourne le portefeuille pour obtenir celui de la seconde ; mais afin qu'il n'y ait pas de confusion, l'une des faces du portefeuille porte im-primé le n° 1, l'autre le n° 2.

Rigoureusement on pourrait, avec nos préservateurs, supprimer l'obturateur du châssis, car les préserva-teurs, en s'appliquant quand ils sont montés, contre la chambre noire, font eux-mêmes fonction d'obturateur; mais une double garantie a ses avantages et on doit la conserver, à moins que, dans un cas particulier, on veuille avoir un châssis d'un volume tout à fait restreint.

CHAPITRE XVII

Montage des vues stéréoscopiques.

Il y a différentes manières de monter les vues stéréoscopiques ou les deux images accouplées qui, vues dans le stéréoscope, doivent donner la sensation du relief.

Elles ont été prises sur une même feuille, et la première opération consiste à les séparer et à leur donner individuellement la forme qu'elles doivent avoir ; on les colle ensuite sur le carton que l'on a choisi, soit à cadre doré, soit gaufré, soit tout uni, au goût de chacun.

On pourrait laisser la double vue entière et la coller d'une seule pièce sur le carton ; mais, à moins de précautions toutes particulières prises dans le tirage, ce mode de montage réussit moins bien. Il est moins agréable à l'œil, et l'effet stéréoscopique est moins certain ; mieux vaut donc, en général, séparer d'abord les deux vues pour les réunir ensuite, modifiées dans leur forme. On se sert pour cela d'un patron en carton; on pose le patron sur l'image et on la coupe avec des ciseaux, en suivant les contours du patron.

Quand on a ainsi coupé toutes les vues que l'on a à monter, on procède au collage.

Nous avons un petit instrument au moyen duquel ce collage s'opère avec une grande facilité, une parfaite rectitude et sans crainte de taches, à la condition que le montage se fera sur nos passe-partout découpés à la machine.

L'appareil se compose d'un plateau creusé, et dont le creux a exactement la forme et la dimension du passe-partout; le plateau est surmonté d'un châssis à double ouverture, tournant autour d'une charnière, et que l'on peut soulever ou rabattre à volonté.

On pose le carton passe-partout dans le creux du plateau, on rabat dessus le châssis, qui laisse à découvert la place limitée des vues à coller, de sorte qu'il est impossible de les mettre de travers ou de tacher le carton.

Nous avons de ces passe-partout gaufrés et découpés à jour, avec lesquels le montage se fait à l'envers. On comprend que c'est un travail différent.

CHAPITRE XVIII

De l'agrandissement des épreuves photographiques.

L'agrandissement des épreuves a été proposé et essayé presque dès l'origine de la photographie ; mais de longues années se sont écoulées avant qu'on ait compris l'immense parti qu'on pourrait tirer des méthodes d'amplification. L'appareil, *chambre solaire*, apporté en France l'année dernière par l'inventeur M. Woodwards, a appelé de nouveau l'attention sur ce genre d'opérations, aujourd'hui tout à fait à la mode.

Dans la méthode Woodwards, on prend pour cliché à agrandir un petit négatif très-faible, assez faible pour ne pas donner de bons positifs par le procédé ordinaire ; et l'on obtient avec ce négatif un positif de dimensions aussi grandes qu'on le veut, demi-nature, s'il s'agit d'un portrait ou même nature entière. L'opérateur, installé dans un appartement fermé, voit naître sous ses yeux, dans l'intervalle d'une demi-heure à une heure, ce positif agrandi bien supérieur à celui qu'on aurait obtenu d'un grand négatif par le tirage au châssis. La feuille sensible qui reçoit l'image est un papier positif simplement chloruré, ou mieux, notre papier n° 499, préparé au bromure de potassium. (Voyez page 67.) On l'applique, humecté légèrement, ou posé sur quelques feuilles de papier brouillard humide, contre l'écran qui reçoit l'image agrandie de la chambre solaire.

D'autres photographes habiles pensent, au contraire, que ce qu'il faut demander à la chambre solaire ou aux autres appareils amplificateurs, ce sont des négatifs de grandes dimensions provenant de très-petits positifs, et avec lesquels on tirera au châssis les grands positifs qu'il s'agit finalement d'obtenir. Dans ce cas, on se servirait d'un papier négatif humide, et l'on donnerait à l'image, obtenue dans un temps beaucoup plus court, la vigueur et l'harmonie de tons nécessaires pour le virage aux sels d'or.

CHAPITRE XIX

Manière d'employer le vernis au tampon

Après avoir monté les vues stéréoscopiques sur les passe-partout, on colle ceux-ci sur une feuille de papier, en ayant soin de laisser de la marge; on fait sécher et on passe au cylindre, ou bien on colle plusieurs passe-partout à la fois sur une grande feuille de bristol, en laissant entre eux l'intervalle convenable; on laisse sécher, on passe au cylindre et l'on donne un premier encollage avec la solution suivante, préparée au bain-marie :

ENCOLLAGE.

Eau.	500 gr.
Gélatine.	20
Alun..	20

Cette solution glutineuse s'étend au moyen d'un pin-

ceau en blaireau; on fait sécher et on cylindre de nouveau.

Après cette opération préliminaire, on colle sur une
planchette les bords de la feuille de papier ou de bristol
où sont réunies les vues par quatre, six ou neuf, au
choix et à la plus grande commodité de l'opérateur, et
on procède au vernissage de la manière qui suit :

On forme un tampon avec de la ouate de coton que
l'on entoure d'un tissu ou tricot de laine blanche; on met
du vernis dessus, on le recouvre d'un linge fin sur lequel
on étend un peu de saindoux; on promène légèrement
et vivement, en tournant, le tampon sur les vues, ainsi
que le font les ébénistes sur les meubles; on renouvelle
trois fois le vernis et le saindoux, et à la quatrième fois
on met une goutte d'huile d'olive à la place du saindoux.

Ensuite on prend un second tampon de coton et de
laine sur lequel on verse cinq à six gouttes d'alcool à 40°,
on le recouvre d'un quadruple linge fin que l'on promène de nouveau sur les vues pour opérer le desséche-
ment du corps gras. Le premier linge étant sec, on
l'enlève, on frotte avec le deuxième, qui, étant sec à son
tour, fait place au troisième, et celui-ci au quatrième et
dernier; après quoi le vernissage est complet; il ne reste
plus qu'à séparer les cartons réunis sur la feuille de
papier et tout est terminé.

Nous devons ajouter que pour réunir plusieurs vues
sur une feuille de papier, on doit les coller à la colle de
pâte, que l'on étend au moyen d'un pinceau d'abord
sur tous les cartons destinés à la même feuille, en les
laissant s'imbiber pendant quelques minutes, puis sur

la feuille de papier; on repasse de nouveau un peu de colle sur les cartons et on les applique sur la feuille, en ayant soin qu'il n'y ait pas d'intervalle entre eux. On aura soin de faire sécher à l'air, de mettre en presse encore un peu humide et de finir de sécher entre des cartons.

Nous avons du vernis au tampon à la disposition des acheteurs. Nous nous chargeons aussi, quand on le désire, de l'opération assez délicate du vernissage.

CHAPITRE XX

De la fabrication des papiers et de leur emploi en photographie.

Une des conditions essentielles de la bonne fabrication du papier destiné à la photographie, c'est que les matières premières soient de qualité supérieure et pures de toute espèce de corps étrangers. Le chiffon de toile de chanvre peut seul donner un papier satisfaisant, et plus le linge est usé, plus il est propre à cette fabrication; le chiffon de laine doit en être soigneusement éliminé.

Le système de blanchiment du chiffon peut exercer une grande influence sur la qualité du papier, et ce n'est que par des lessives réitérées qu'on peut compter sur des produits irréprochables.

La trituration du chiffon est, de toutes les opérations, la plus délicate; car c'est elle qui engendre les points métalliques qui, trop souvent, font le désespoir des photographes. On ne peut pas, malheureusement, faire ce travail sans le secours du métal, et jusqu'à ce qu'on ait inventé quelque chose qui puisse remplacer le fer ou le cuivre dans la confection des machines, il faudra se résigner à voir ces points importuns faire tache sur nos plus belles épreuves. L'usine qui fabrique les papiers Marion s'est organisée de telle sorte qu'elle les évite, en grande partie du moins, et qu'ils sont presque entièrement éliminés du papier de choix que nous vendons sous le nom d'Hélio-vélin.

L'encollage du papier photographique est chose fort importante; nous y faisons procéder avec le plus grand soin : aussi nos papiers résistent sans s'altérer aux bains multipliés des opérations successives.

D'après ces quelques données sur la fabrication des papiers photographiques, on ne s'étonnera plus que leur prix soit relativement plus élevé que celui des plus beaux papiers à écrire. Pour donner du poids et une belle apparence de blanc aux papiers de luxe, les fabricants ont eu recours au kaolin, qu'ils introduisent dans la pâte. Employée modérément, cette substance ne nuit pas, elle donne au contraire de la qualité. Mais, malheureusement, quelques fabricants en font un usage immodéré; voilà comment on trouve dans le commerce des papiers à écrire assez beaux, mais détestables sous la plume, et comment aussi les papiers du commerce, même les plus beaux, ne peuvent pas servir pour la photographie ou ne donnent que des épreuves très-imparfaites.

CHAPITRE XXI

Propriétés caractéristiques, ou qualités relatives des divers papiers du catalogue Marion.

Nous allons passer en revue les principales espèces de papiers de notre catalogue, en indiquant les propriétés qui les distinguent. Nous commencerons par les papiers positifs.

PAPIERS POSITIFS.

N° 499. — Ce papier, de grand format et très-fort, est naturellement destiné aux épreuves de grande dimension, obtenues soit directement soit par agrandissement. Dans le cas d'épreuves agrandies, il doit être préparé au bromure de potassium; on trouvera à la p. 26 de cet opuscule la manière de l'employer. Il est susceptible de recevoir toutes les autres préparations du papier positif.

N° 500. — Ce papier, moins grand que le précédent, et cependant d'une dimension extra, a la même destination.

N° 700. — Papier positif un peu fort, format courant; il subit, au gré des acheteurs, les préparations indiquées aux n°° 511, 512, 513, 514, 515 et 594.

N° 502. — Papier même format courant, un peu plus mince, se prêtant aussi aux préparations n°° 511, 512, 513, 514 et 515.

N° 501. — Même format et même qualité que le n° 502, mais plus mince, recevant les préparations des n°° 506, 507, 508, 509 et 510.

N° 505. — Papier positif de petite dimension, destiné aux épreuves pour lesquelles la demi-feuille ordinaire est trop petite et la feuille entière trop grande. Ses diverses préparations sont indiquées aux n°° 518, 519, 520, 521, 522 et 523.

N° 589. — Positif super-hélio-vélin, double format, qualité supérieure, propre à toutes les préparations et très-convenable pour l'agrandissement des épreuves positives, pouvant aussi servir pour négatif, préférable même au n° 527. Nous l'avons en rouleau et par conséquent de dimensions aussi grandes qu'on voudra.

N° 590. — Positif super-hélio-vélin, format courant, même qualité que le précédent, c'est-à-dire, tout ce ce qu'il y a de mieux en beauté, pureté et finesse de grain. Ses préparations sont indiquées aux n° 591, 592, 593 et 594.

N° 603, 604, 605, 606 et 618. — Papiers positifs de Saxe dont la qualité est justement appréciée.

N° 701. — Positif super-hélio-vélin, mince, fortement albuminé, très-brillant, spécialement destiné aux épreuves stéréoscopiques. On ne glace pas, après la préparation, ce papier naturellement transparent, à cause de sa très-petite épaisseur, pour ne pas augmenter encore sa transparence; mais, quoique non glacé, il est d'un grain excessivement fin. Il a relativement moins de points métalliques que les autres papiers de même qualité, et cela se comprend, parce que dans 20 grammes de pâte, poids du papier fort, il y a plus de parcelles métalliques que dans 12 grammes de la même pâte, poids de la feuille mince.

N° 722. — Positif super-hélio-vélin albuminé au chlorure d or. Ce papier, très-convenable pour les portraits, cartes de visite, donne de beaux tons noirs violacés. On ne s'étonnera pas si après la sensibilisation il se teinte légèrement en gris ; par le procédé du virage de M. Bayard, il reprendra sa teinte primitive, celle qu'il avait avant la sensibilisation. C'est surtout pour ce papier que les avantages de l'appareil conservateur se feront sentir ; plus altérable, en raison même de sa beauté, il a besoin d'être mieux protégé.

N° 713. — Positif demi-feuilles de 44 sur 28, salé ou albuminé, *sensibilisé*. Il y a constamment de ce papier en magasin à la disposition des acheteurs, en tant du moins qu'il s'agit des sortes 391 et 392. Toutes les autres sortes ne sont sensibilisées que sur commande. On ne garantit la parfaite conservation pour plusieurs jours, en dehors du magasin, qu'autant que le papier sera livré dans un appareil conservateur.

PAPIERS NÉGATIFS.

Nous ne parlerons que des papiers négatifs qui nous ont toujours donné les meilleurs résultats, sans nous occuper des sortes faisant double emploi, comme qualité, avec d'autres.

N° 529. — Négatif fort. Ce papier, de format courant, est très-convenable pour le paysage. C'est celui dont M. le docteur Lorent, de Venise, fait usage et avec lequel il obtient les beaux résultats que l'on connaît.

On trouve le même papier simplement ciré, au n° 528;
ciré à la fois et ioduré au n° 539.

N° 530. — Négatif extra-fin très-transparent. Ce papier est recommandé pour les clichés dont on veut que
le tirage en positif aille vite; ce même papier figure
simplement ciré au n° 537, ciré à la fois et ioduré au
n° 553.

N° 599. — Négatif compacte pour procédé rapide.
Ce papier, fait avec une pâte choisie, homogène et ser-
rée, est spécialement destiné au procédé sec; il réunit
à l'avantage de la rapidité celui de donner une grande
finesse aux clichés. On le retrouve simplement ciré au
n° 719, ciré et ioduré au n° 711.

N° 800. — Négatif térébenthino-ciré-ioduré. Ce papier
peut rivaliser pour la finesse avec le précédent, mais il
est moins rapide; il exige une pose plus longue et
l'image se révèle plus lentement; de plus le cliché a
besoin d'être ciré.

Les papiers négatifs anglais 600 et 607, collés à la
gélatine, sont d'un emploi difficile et peu usité. Quelques amateurs, tenant encore aux anciens procédés, en
font seuls usage.

N° 711 *bis*. — Ce numéro, non porté à notre catalogue, est spécialement destiné aux portraits ou aux
paysages ornés de figures animées. (Voir page 48 de
cet opuscule, la manière de l'employer.)

N° 714. — Papier négatif sensibilisé. Il faut que ce

papier soit commandé la veille, et que l'on indique, avec le numéro correspondant au genre de sensibilisation, le numéro qui désigne la sorte de papier. Si cette précaution n'était pas prise, l'acheteur recevrait la qualité de papier qui correspond au n° 539.

Note importante. — Quand on recevra du papier négatif sensibilisé, on évitera avec soin de lui faire voir le jour. A la moindre atteinte des rayons lumineux, il deviendrait impropre au service.

FIN.

TABLE DES MATIÈRES

FIN DE LA TABLE DES MATIÈRES.

PARIS. — IMP. SIMON RAÇON ET COMP., RUE D'ERFURTH, 1.

9 782019 992736